U0721631

记住乡愁

——留给孩子们的中国民俗文化

刘魁立◎主编

第十辑 民间信俗辑

八仙过海

林巧薇◎编著

本辑主编 黄景春

黑龙江少年儿童出版社

序

亲爱的小读者们，身为中国人，你们了解中华民族的民俗文化吗？如果有所了解的话，你们又了解多少呢？

或许，你们认为熟知那些过去的事情是大人们的事，我们小孩儿不容易弄懂，也没必要弄懂那些事情。

其实，传统民俗文化的内涵极为丰富，它既不神秘也不深奥，与每个人的关系十分密切，它随时随地围绕在我们身边，贯穿于整个人生的每一天。

中华民族有很多传统节日，每逢节日都有一些传统民俗文化活动，比如端午节吃粽子，听大人们讲屈原为国为民愤投汨罗江的故事；八月中秋望着圆圆的明月，遐想嫦娥奔月、吴刚伐桂的传说，等等。

我国是一个统一的多民族国家，有 56 个民族，每个民族都有丰富多彩的文化和风俗习惯，这些不同民族的民俗文化共同构筑了中国民俗文化。或许你们听说过藏族长篇史诗《格萨尔王传》

中格萨尔王的英雄气概、蒙古族智慧的化身——巴拉根仓的机智与诙谐、维吾尔族世界闻名的智者——阿凡提的睿智与幽默、壮族歌仙刘三姐的聪慧机敏与歌如泉涌……如果这些你们都有所了解，那就说明你们已经走进了中华民族传统民俗文化的王国。

你们也许看过京剧、木偶戏、皮影戏，看过踩高跷、耍龙灯，欣赏过威风锣鼓，这些都是我们中华民族为世界贡献的艺术珍品。你们或许也欣赏过中国古琴演奏，那是中华文化中的瑰宝。1977年9月5日美国发射的"旅行者1号"探测器上所载的向外太空传达人类声音的金光盘上面，就录制了我国古琴大师管平湖演奏的中国古琴名曲——《流水》。

北京天安门东西两侧设有太庙和社稷坛，那是旧时皇帝举行仪式祭祀祖先和祭祀谷神及土地的地方。另外，在北京城的南北东西四个方位建有天坛、地坛、日坛和月坛，这些地方曾经是皇帝率领百官祭拜天、地、日、月的神圣场所。这些仪式活动说明，我们中国人自古就认为自己是自然的组成部分，因而崇信自然、融入自然，与自然和谐相处。

如今民间仍保存的奉祀关公和妈祖的习俗，则体现了中国人崇尚仁义礼智信、进行自我道德教育的意愿，表达了祈望平安顺达和扶危救困的诉求。

小读者们，你们养过蚕宝宝吗？原产于中国的蚕，真称得上伟大的小生物。蚕宝宝的一生从芝麻粒儿大小的蚕卵算起，中间经历蚁蚕、蚕宝宝、结茧吐丝等过程，到破茧成蛾结束，总共四十余天，却能为我们贡献约一千米长的蚕丝。我国历史悠久的养蚕、丝绸织绣技术自西汉"丝绸之路"诞生那天起就成为东方文明的传播者和象征，为促进人类文明的发展做出了不可磨灭的贡献！

小读者们，你们到过烧造瓷器的窑口，见过工匠师傅们拉坯、上釉、烧窑吗？中国是瓷器的故乡，我们的陶瓷技艺同样为人类文明的发展做出了巨大贡献！中国的英文国名"China"，就是由英文"china"（瓷器）一词转义而来的。

中国的历法、二十四节气、珠算、中医知识体系，都是中华民族传统文化宝库中的珍品。

让我们深感骄傲的中国传统民俗文化博大精深、丰富多彩，课本中的内容是难以囊括的。每向这个领域多迈进一步，你们对历史的认知、对人生的感悟、对生活的热爱与奋斗就会更进一分。

作为中国人，无论你身在何处，那与生俱来的充满民族文化DNA的血液将伴随你的一生，乡音难改，乡情难忘，乡愁恒久。这是你的根，这是你的魂，这种民族文化的传统体现在你身上，是你身份的标识，也是我们作为中国人彼此认同的依据，它作为一种凝聚的力量，把我们整个中华民族大家庭紧紧地联系在一起。

《记住乡愁——留给孩子们的中国民俗文化》丛书，为小读者们全面介绍了传统民俗文化的丰富内容：包括民间史诗传说故事、传统民间节日、民间信仰、礼仪习俗、民间游戏、中国古代建筑技艺、民间手工艺……

各辑的主编、各册的作者，都是相关领域的专家。他们以适合儿童的文笔，选配大量图片，简约精当地介绍每一个专题，希望小读者们读来兴趣盎然、收获颇丰。

在你们阅读的过程中，也许你们的长辈会向你们说起他们曾经的往事，讲讲他们的"乡愁"。那时，你们也许会觉得生活充满了意趣。希望这套丛书能使你们更加珍爱中国的传统民俗文化，让你们为生为中国人而自豪，长大后为中华民族的伟大复兴做出自己的贡献！

亲爱的小读者们，祝你们健康快乐！

二〇一七年十二月

目录

八仙过海的故事

| 八仙过海的故事 |

"八仙过海"的传说故事不仅源远流长，还有很多种版本。元明时期的杂剧《争玉板八仙过海》最早讲述了八仙过海的故事。相传蓬莱仙岛牡丹花盛开，白云仙长邀请八仙及五圣共赏牡丹。宴罢回程时，吕洞宾建议大家不搭船而各自想办法过海。此时铁拐李抛出自己的法器铁拐，汉钟离扔出芭蕉扇，张果老放下坐骑"纸驴"，其他神仙也各掷法器下水，横渡东海。八仙的举动惊动了龙宫，东海龙王率领虾兵蟹将前往理论，不料发生冲突，蓝采和被抓回龙宫。于是另外七位仙人大开杀戒，怒斩龙子，而东海龙王则与北海龙王、南海龙王、西海龙王合作，一时间惊涛骇浪。此时曹国舅拿出玉板开路，将巨浪逼向两旁，顺利渡海。最后由南海观音菩萨出面调停，东海龙王释放了蓝采和，双方才停战。

在民间流传更广的一个故事版本则是铁拐李、汉钟离、蓝采和、张果老、何仙姑、吕洞宾、韩湘子、曹国舅八位神仙赴西王母的蟠桃会。宴会结束后，回程途中八位神仙驾着祥云飞至东海上空。吕洞宾按下云头往下一看，只见汪洋一片，巨浪汹涌。吕洞宾一时兴起，提

|《八仙过海图》|

议众仙下海赏景，然后各显神通过海。众仙下到海里，只见铁拐李解下背上的小葫芦，吹上一口气，小葫芦变成一个大葫芦，浮于水上，铁拐李坐在葫芦上破浪前进。何仙姑把手中的青荷叶放到海面，它变成巨大的荷叶，何仙姑乘它逐波而去。曹国舅把几片檀板丢下海面化成一只排筏；韩湘子将笛子变成浮槎；吕洞宾把宝剑放到海里，一丈之内波浪不兴；蓝采和将花篮投到海里；张果老放下坐骑"纸驴"；汉钟离躺在芭蕉扇化成的巨大的蕉叶上。众神仙各自搭载自己的宝物，逐浪而过，正是"八仙过海，各显神通"。

八仙过海大闹龙宫的故事流传广泛、脍炙人口，因此"八仙过海，各显神通"成为人们常爱使用的俗语和典故，常用来比喻做事各有各的一套办法，也比喻各自拿出本领互相比赛。明代吴承恩在《西游记》第八十一回中写道："正是八仙同过海，独自显神通。"

八仙传说的来源

| 八仙传说的来源 |

八仙过海的故事很精彩，但其实有关八仙的传说从最初萌芽阶段起，经历了一个相当漫长的发展、演变过程。在中国历史上，"八仙"的说法很早就出现了。

在汉代，淮南王刘安喜好修道成仙之学，招揽了大批门客和道家方士于门下，其中苏飞、李尚、左吴、田由、雷被、毛被、伍被、晋昌八个门客才气最高，世称"淮南八公"。东晋著名道士葛洪所撰《神仙传》卷六《刘安传》中，记载了淮南八公的事迹。《神仙传》中说，淮南王刘安邀天下之方士聚于自己门下。有一日来

了八位鬓眉皓白的老人，要见淮南王刘安。守门的小吏一看来者是八个老头儿，就不予通报，并且讥讽说："我家王爷第一求的是具有延年长生不老之道的人；第二求的是具有博物精义入妙的大儒；第三求的是能扛鼎暴虎横行、有勇敢精神的壮士。你们八个都不是我家王爷所求之人。先生年老到了这般

7

地步，我怎么敢给你们通报呢？"八位老者一听，笑着说："我们听说你家王爷是尊礼贤士、吐握不倦，苟有一介之善，莫不毕至之人。我们虽年老鄙陋，不合所求，但是我们远道而来，欲拜见王爷，何以嫌我们年老而不见呢？难道你家王爷认为年少的才有道，而年老的则平庸吗？并因我们年老而欺负我们吗？"此话刚落音，只见八位老者都变成了满头青丝、面如桃花的十四五岁的英俊少年。门吏大吃一惊，于是飞速通报淮南王。淮南王一听，连鞋都没来得及穿，

立即隆重地以弟子礼相迎接。刘安说："我从小好道，昼夜在思念神明，盼望有神仙降临。现在道君降临，是我的福分，希望道君能度我修仙成神。"这八位少年又回复到老者的样子。刘安问及姓名，八位老者说："我们的姓名是文武常、武七德、枝柏英、寿千龄、叶万椿、鸣九众、修三田、岭一峰。"这里所说的这八位老者的姓名实际上都是化名，也可能是后人所起。

魏晋以来，《神仙传》等道家著作以淮南王刘安好方技，于是附会他门下八公

《饮中八仙》

为"八仙"。实际上他们不过是刘安的臣僚谋士而已，并非神仙，后来因为民间出现淮南王成仙的传说，后世人便附会他门下的八公也成仙了，于是称作"八仙"。到了唐代，淮南八仙的故事仍在社会上广泛流传。文人墨客的诗文中常以此为典故，代指神仙得道之事。

到了晋代，还出现过"蜀中八仙"的说法。谯秀所著《蜀纪》中记载，"蜀之八仙"依次是容成公、李耳、董仲舒、张道陵、严君平、李八百、范长生和尔朱先生。蜀中八仙都是在西蜀得道成仙，是八仙演化过程中的一支群体。他们带有一定的地方色彩，流传地域也有一定的局限性，所以流传不广。

唐代出现了著名的"饮中八仙"，指的是经常凑在一起喝酒而且酒量很大的八大文人学士。这饮中八仙是指贺知章、李琎、崔宗之、苏晋、李白、张旭、焦遂、李适之八人。杜甫写了一首《饮中八仙歌》，生动地描绘了他们嗜酒如命的狂态和豪放不羁的性格。

知章骑马似乘船，眼花落井水底眠。

汝阳三斗始朝天，道逢麹车口流涎，恨不移封向酒泉。

左相日兴费万钱，饮如长鲸吸百川，衔杯乐圣称避贤。

宗之潇洒美少年，举觞白眼望青天，皎如玉树临风前。

苏晋长斋绣佛前，醉中往往爱逃禅。

李白斗酒诗百篇，长安市上酒家眠。天子呼来不上

船，自称臣是酒中仙。

张旭三杯草圣传，脱帽露顶王公前，挥毫落纸如云烟。

焦遂五斗方卓然，高谈雄辩惊四筵。

汉代、魏晋和唐代所传说的八仙，或泛指列仙，或具体指某八位，但都未定型化。各朝代甚至在不同地区，所传八仙都不同。所以，"淮南王八仙""蜀中八仙""饮中八仙"，与现在流传的"八仙"其实毫无关系。现在人们所熟知的八仙是指铁拐李（李铁拐）、汉钟离（钟

| 明代唐寅《临李公麟饮中八仙图》（局部） |

离权）、吕洞宾、蓝采和、张果老（张果）、何仙姑、韩湘子、曹国舅。这八位仙人的事迹最早从唐宋时期的文人笔记小说中开始有了记载，但是各种说法并不一致。唐代段成式创作的《酉阳杂俎》、唐代郑处诲编撰的《明皇杂录》、北宋李昉等编的《太平广记》、北宋刘斧编撰的《青琐高议》、北宋魏泰创作的《东轩笔录》、北宋郑景望撰写的《蒙斋笔谈》等作品中，已经记载了张果、吕洞宾、蓝采和、钟离权、何仙姑、韩湘等人物的故事，

汉钟离

但是他们尚未成为八仙中的人物。唐宋时期的笔记小说中，这些八仙中的人物只是单个地存在，还没有形成"八

|清代冯宁《二仙图》（局部）|

思汗，全真道受到元朝的重视，因而道教盛极一时。因为元代道教全真道尊奉钟离权、吕洞宾为祖师，尊称为"钟祖""吕祖"，所以为八仙传说在元代的发展提供了非常有利的条件。

元代的杂剧中有大量的"神仙道化"剧，其内容主要是讲述修炼成仙、教化度人的故事，目的是传播道教的思想和信仰。八仙戏则是这些"神仙道化"剧中的重要内容。从现存的剧本可以看出，在元杂剧里面已经大体上形成了后世流传的八仙，只是八仙的姓名尚不太固定，有的无何仙姑、曹国舅、张果老，而有徐神翁、风僧寿、张四郎、元壶子等。

仙"这样一个群体。

从宋代开始，道教势力逐渐发展，到了元代，由于全真教道士丘处机觐见成吉

在写作年代上，最早的八仙杂剧是马致远的《邯郸

道省悟黄粱梦》和《吕洞宾三醉岳阳楼》。《吕洞宾三醉岳阳楼》一剧第四折中还罗列了八位神仙的姓名："这一个是汉钟离，现掌着群仙篆；这一个是铁拐李，发乱梳；这一个是蓝采和，板撒云阳木；这一个是张果老，赵州桥倒骑驴；这一个是徐神翁，身背着葫芦；这一个是韩湘子，韩愈的亲侄；这一个是曹国舅，宋初的眷属；则我是吕纯阳，爱打的简子、愚鼓。"这里少了一个何仙姑，而多了一个徐神翁。

元曲岳伯川的《吕洞宾度铁拐李岳》一剧第四折则唱道："汉钟离有正一心，吕洞宾有贯世才，张四郎、曹国舅神通大，蓝采和拍板云端里响，韩湘子仙花腊月里开，张果老驴儿快，我访

七真游海岛，随八仙赴蓬莱。"这里多了一个张四郎，而少了一个何仙姑。

范子安的《陈季卿误上竹叶舟》第四折前面有个说明："张果、汉钟离、李铁拐、徐神翁、蓝采和、韩湘子、何仙姑上。"曲文唱道："这一个倒骑驴疾如下坡，这一个吹铁笛韵美声和，这一个貌娉婷笊篱手把，这一个蓬须铁拐横拖，这一个蓝关前将文公度脱，这一个绿罗衫拍板高歌，这一个是双丫髻常吃的醉颜酡，则俺曾梦黄粱一晌滚汤锅，觉来时蚤五十载暗消磨。"这里有了何仙姑，而曹国舅让徐神翁替代了。

现存八仙题材的元杂剧剧本，除了上面列举的几个，还有谷子敬的《吕洞宾

| 清代曹国舅石雕像 |

翁三化邯郸店》《众天仙庆贺长生会》等。这些以八仙为题材的元杂剧，大体上在剧末都有八仙出场，现身指点，将诸仙的名籍相貌述说一遍。这说明当时八仙的故事在社会上十分流行，八仙的形象深受观众喜爱。

到了明朝，吴元泰以有关八仙的民间故事和杂剧为素材，创作了通俗小说《八仙出处东游记》，又名《上洞八仙传》。小说中以铁拐李、汉钟离、吕洞宾、蓝采和、张果老、何仙姑、韩湘子、曹国舅为八仙，流传广泛，深入人心。如此，才使得八仙群体成员最后确定下来，并一直被后世沿用。而且该小说中有关八仙的一些故事情节，至今仍以口头文学的形式流传，它对八仙传

三度城南柳》、马致远和李时中等人的《邯郸道省悟黄粱梦》、贾仲明的《铁拐李度金童玉女》以及不知何人所写的《争玉板八仙过海》《汉钟离度脱蓝采和》《吕

说的发展产生了比较大的影响。《八仙出处东游记》共有五十六回，其中第四十六回至五十六回专门讲述了八仙过海闹龙宫的故事。书中所写的"八仙过海，各显神通"成为人们常爱使用的俗语和典故。"八仙过海"传说的流传，使得八仙群体更为人们所熟悉。

元明时期出现的大量八仙戏、八仙画和八仙传说，使得八仙在社会上有着极为广泛的影响。八仙这个神仙群体的组合并不因为他们属于不同的历史时期而显得不伦不类，相反，倒让人觉得合情合理，十分圆满。过去每逢迎神赛会和祝福拜寿，八仙是必不可少的角色。

在以铁拐李、汉钟离、吕洞宾、蓝采和、张果老、何仙姑、韩湘子、曹国舅为八仙逐渐形成和定型后，他们被称为"上洞八仙"。明清时期又进一步衍化出新的

八仙皮影戏

八仙，命名为"下洞八仙"。最早排出下洞八仙的是明代杂剧《贺升平群仙庆寿》。到了清代，元代已有的李铁拐、吕洞宾等上洞八仙又被改称为"中八仙"，并进一步增加和扩大了八仙群体，增列了"上八仙"和"下八仙"。

|《群仙集》三皇五岳八仙图|

《贺升平群仙庆寿》杂剧中所排出的下洞八仙是王乔、陈戚子、徐神通（也作徐神翁）、刘伶、陈抟、毕卓、任风子、刘海蟾。此八人中，刘海蟾、陈抟很有名气。陈抟被人们称为陈抟老祖，刘海蟾是全真教北五祖之一。而其他人物的文字记载材料相对较少，其中关于陈戚子就没有留下什么资料。这八仙作为下洞八仙的群体来说，传播不广，影响不大，在民间鲜为人知。

在《何仙姑宝卷》中，上八仙是福星、禄星、寿星、张仙、东方朔、陈抟、彭祖、骊山老母，下八仙是广成子、鬼谷子、孙膑、刘海（也作刘海蟾）、和合二仙、

李八百、麻姑。在《八仙上寿宝卷》中，上八仙是寿星、王母、观音、斗姆、黎山老母、圣母娘娘、金刀（原文缺一），下八仙则是张仙、刘伯温、诸葛亮、苗光裕、徐茂公、鲁宁秀、牛郎、织女。在鼓词《孙悟空大闹蟠桃会》中，上八仙是东方朔、李大仙、王禅、王敖、毛遂、白猿、二郎神（原文缺一），下八仙是罗圣主、张仙、鲁班、张千、李万、刘海、刘伶、杜康。

　　清代新造的上八仙和下八仙的组成有更大的随意性。这些群体的八仙有些为七个人，有些又为九个人，让人感觉是一种胡乱杂凑起来的群体。正因如此，这些新出的上八仙、下八仙没有得到民众的认可，没有被人们知道和熟悉，他们也没有产生较大的社会影响。而元明时期形成和定型的以铁拐李、汉钟离、吕洞宾、蓝采和、张果老、何仙姑、韩湘子、曹国舅为八仙的群体，其知名度最广，最为人们所熟悉，最受民众喜爱。

八仙的形象出现和故事流传

｜八仙的形象出现和故事流传｜

现在人们所熟知的八仙是指张果老（张果）、韩湘子、蓝采和、吕洞宾、何仙姑、汉钟离（钟离权）、铁拐李（李铁拐）、曹国舅。这八位仙人中，至少有五人在北宋以前的史料中有所记载。整个八仙传说的形成经历了一个相当长的发展、演变过程。八仙传说中的每一位仙家的形象与八仙传说故事的发展和演变既有一致性，又各有特殊之处。

一、张果老

张果是唐玄宗时期著名道教大师，曾被唐玄宗征召至朝廷。他是八仙中最早有历史记载的。因他模样长得老，显得岁数大，"老"字是人们对他的尊称。唐代刘肃的《大唐新语》最早记载了张果老的事迹，后来历史书《新唐书》和《旧唐书》中都有《张果传》。

在唐代，张果老的故事已经流行了，其中有许多关于他的法术故事。根据《大唐新语》卷十中记载，张果老隐居于恒州（今山西大同东北）的中条山，时常出没于汾水、太原等地。当时人们传说张果老知道长寿的秘诀。老人们都说，他们在童年时就已经见过张果老，那时张果老就说自己已经有好几百岁了。武则天称帝时，朝廷下诏书要张果老面圣。不知道是什么原因，张果老不愿意，假装死在介休县的妒女庙前。后来，有人又在恒山遇见他。唐玄宗开元二十三年（公元735年），恒州刺史韦济向朝廷汇报说，他发现了张果老的踪迹。唐玄宗求仙若渴，令通事舍人裴晤赶快去中条山请他。裴晤一见张果老齿落发白，是个不起眼的糟老头子，就有点儿看不起他。张果老不动声色，当时来了个气绝身亡，吓得裴晤赶紧焚香，诵念天子求道之意。过了一会儿，张果老渐渐苏醒了。裴晤不敢相逼，只能回去禀报皇帝。唐玄宗闻奏后，认为裴晤做事不力，又派中书舍人徐峤带着皇帝的手书去请张果老。张果老这次随徐峤等来到了洛阳，被当作贤士，在集贤院内居住。他经常坐着轿子，出入宫廷，得到了很高的礼遇。朝中公卿们也都前去拜见他，并请教他神仙方外之事。唐玄宗下

上博画集选纸本张果老像

元代任仁发《张果见明皇图》

诏书云："恒州张果老，方外之士也。迹先高上，心入窅冥，是混光尘，应召城阙。莫知甲子之数，且谓羲皇上人。问以道枢，尽会宗极。今将行朝礼，爰申宠命。可银青光禄大夫，仍赐号通玄先生。"后来张果老以年老体病为由，向唐玄宗祈求回归恒州。玄宗赐其绢三百匹，张果老由两位弟子服侍回了恒州。随后一位弟子返回京师，一位弟子随张果老进了山。后传张果老寿终，或尸解成仙。

《唐国史补》上记载："天宝末，有人于汾晋间古墓穴中，得所赐张果老敕书、手诏、衣服。进之，乃知其异。"《旧唐书》和《新唐书》上也记载了张果老的事迹。除了《新唐书》加入了玄宗屡试张果老仙术和玄宗欲令张果老尚公主等事外，其余记载和《大唐新语》基本相同。

至晚唐时期，笔记小说中张果老的故事越来越具有浓厚的神异色彩，逐渐把张果老写成了神仙。李冗的《独异志》中记载了张果老为天地混沌初开时一只白蝙蝠所化的故事。张读的《宣室志》卷八中记载了张果老识千年

《倒骑图》

鹿的故事。郑处诲的《明皇杂录》中记载的张果老之事最详细，把当时有关张果老的种种记载和传闻，统统写了进去，编造在一起。到了明代，吴元泰在《八仙出处东游记》第二十回、二十一回中专门讲述了张果老的故事。这些张果老的神仙故事基本上都是根据唐代的笔记小说中所记载的故事情节编写的。

在八仙传说中，"张果老倒骑驴"的形象十分著名，在唐代《明皇杂录》中所记载的张果老故事中，张果老有一头神奇的白色驴子。这头驴子日行数万里，不乘坐时，将它折叠起来，只有纸片那么厚，可以放在随身带的小箱子中。要骑的时候，可以将它从箱子中取出来铺开，喷上水，它就还原成驴子了。可见张果老骑驴的故事，唐代就很流行，不过，当时还没有倒骑驴的说法。而张果老倒骑驴的形象主要来源于民间传说。在元代马致远的《吕洞宾三醉岳阳楼》中，就有张果老"赵州桥倒骑驴"的说法。张果老赵州桥倒骑毛驴之说是从赵州张神的故事衍化而来的。《湖海新闻夷坚续志》后集卷二

《鲁班造桥》中讲，赵州（今河北赵县）城南有石桥一座，乃鲁班所造，极为坚固。鲁班以此为自己的得意之作。有一个姓张的神仙骑驴路过，笑道："这桥看上去挺坚固，不过我走上去，不知它会不会摇动？"于是，他骑驴登桥。石桥竟然摇摇晃晃，像要倒塌下来的样子。鲁班正好在旁边，一看不妙，便上前在桥下用双手托定，石桥才稳固如初。直到后世，桥上仍然有姓张的神仙所骑驴的头尾及四足的痕迹，桥下则有鲁班两手托的痕迹。故事中的这位神仙姓张，张果老也姓张；这位张神仙骑着毛驴，而张果老也是骑毛驴的，因此，人们便以为这位张神仙就是张果老。这个故事逐渐演化成为"赵州桥张果老倒骑毛驴"了。张果老倒骑毛驴，大显神通，足迹遍天下，于是留下了大量的传说。"张果老倒骑驴"的形象经过戏曲舞台的传演被人们愈加熟悉，已经成为文学、绘画、雕塑中最深入人心的艺术形象了。

二、韩湘子

韩湘，在八仙中又被称

《韩湘子》

为韩湘子，相传是韩愈亲族中的晚辈。有人说是韩愈的侄儿，有人说是侄孙，有人说是孙子，甚至有人说是外甥。历史上有韩湘这个人，他在唐穆宗长庆三年（公元823年）中进士，官至大理寺丞，是唐代大文学家韩愈的侄孙。史书上从未有过韩湘任何学道成仙的记载。

据说韩愈另有一个学道的族侄。唐代段成式在所撰写的《酉阳杂俎》前集卷十九记载了这样一个故事：

侍郎韩愈，有一个远房侄子，他年纪很轻，从江淮来投奔韩愈。韩愈叫他与自己的子辈一起读书。不料，这位远房侄子很不听话，并不好好读书，还折腾得别人也无法读书。韩愈就叫他住到街西的一个寺院中。大约过了十来天，寺院的和尚到韩愈这里来告状，说韩愈这个族侄太不像话了，胡作非为、疯疯癫癫，狂态实在不能让人容忍。韩愈便把他叫回来，痛加斥责，"市井小民，尚且都有一技之长谋生。你身无一技，又不肯读书上进，竟是想干哪一行？将来怎样谋生？"在韩愈面前，这位族侄倒也不敢放肆，行过跪拜礼，赔了不是。最后他说，"您说我身无一技，侄儿不尽然。我有一样本领，很遗憾，您不知道。"说着，他指着门口的牡丹道，"叔叔，您希望这些牡丹是什么颜色？青、紫、黄、赤，随您挑选，只要您喜欢什么颜色，我就叫牡丹开什么颜色的花。"韩愈大奇，但不相信他有这样非凡的本领，就叫他试一下。当时是初冬，牡丹根本不会开花，要它开出指定颜色的花，岂非难上加难？韩愈说要叫牡丹开出红、白、绿三种颜色的花来。那族侄道，"好吧，看我

的。"于是他用物遮起牡丹丛，不让人看见一枝一叶。七日后，这株紫牡丹开出了红、白、绿三色花朵，最奇的是花朵上有紫色的字，成一联诗——"云横秦岭家何在，雪拥蓝关马不前"。韩愈一见，大吃一惊，开始相信这位族侄道术非凡，不由得对他刮目相看。不久，这位族侄便辞归江淮，逍遥自在去了。

韩愈曾写过一首《徐州赠族侄》，其中有云"击门者谁子，问言乃吾宗。自云有奇术，探妙知天工"，大概就是写给这位族侄的。从唐代开始，韩愈与这个有奇术的晚辈的故事就以不同的版本流传于世。唐代杜光庭的《仙传拾遗》中也记载了韩愈和外甥之间类似的故

事。这类故事流传到后来，人们将这个故事中外甥顽劣、牡丹开异花的情节衍说在了侄孙韩湘身上，并尊称他为"韩湘子"。韩湘就被道家和小说家编造出他修道成仙的故事，逐渐被说成是一位神仙。

三、蓝采和

蓝采和的故事最早记载在南唐沈汾的《续仙传》上卷。《续仙传》分上中下三卷，属于道教的神仙传记。书中收录了蓝采和、张果老二人

的隐逸仙话故事。

据《续仙传》中记载，蓝采和不知是哪里人，他常穿一件破蓝衫，围一条有三寸之宽的黑木腰带，一只脚穿靴子，另一只脚则总是光着。夏天在蓝衫内加穿棉衣，冬天则睡在雪中，呼出的气如水蒸气一般。他常在市井中以歌行乞，手中持一大拍板，长三尺有余，边歌、边击、边踏足。他又常常喝得醉醺醺的，男女老少都喜欢跟在他后面看他。蓝采和能

上博画集选纸本蓝采和像

28

言善辩，诙谐戏谑。人们问他什么，他总是应声而答，引得人们哈哈大笑，而他的话又往往富有哲理。言行举止，似狂非狂。他常唱歌词：

踏歌蓝采和，世界能几何？红颜三春树，流年一掷梭。古人混混去不返，今人纷纷来更多。朝骑鸾凤到碧落，暮见桑田生白波。长景明晖在空际，金银宫阙高嵯峨。

他所唱的其他歌词，也多率意而作，随口而出，却都有神仙的意味，给人一种高深莫测的感觉。蓝采和上门以歌乞讨，人们便给他一些钱。所得的钱，他从不放进口袋，而是用一根长长的绳子穿着，拖地而行。有时候，拖着拖着，钱散失了一些，人们叫他，他却连头也

不回。看到了穷人，他就把钱分给他们一些。余下的钱，他总是上酒肆去买酒喝，如此周游天下。有人童年时看到蓝采和是什么样子，几十年后，头发都花白了，看到

的蓝采和仍是几十年前所看到的那样，一点儿也没有老。有一次，蓝采和在濠梁间的一座酒楼上喝得大醉。这时，天空中忽然传来了鹤鸣声和笙箫声。蓝采和听到了，轻轻飘向空中，接着，他陆续掷下靴、衫、腰带、拍板，冉冉升天而去。

宋代李昉等人所编的《太平广记》、元代赵道一撰写的《历世真仙体道通鉴》所记载有关蓝采和的事，也基本上和《续仙传》相同。宋金时期的诗人元好问曾描写蓝采和的形象——"长板高歌本不狂，儿曹自为百钱忙。几时逢着蓝衫老，同向春风舞一场"。蓝采和身着蓝衫，长板高歌，向风作舞，这样的形象与《续仙传》中蓝采和的形象完全相同。从

元好问的诗中，我们可以知道，那时蓝采和的形象就已经广传于世了。

在民间，"采和一手把篮挑"的形象十分符合市井中下层老百姓的生活。蓝采和手挽破竹篮，常常是身穿破蓝衫，沿途说唱叫卖，如同市井里的小贩、说唱行乞等阶层的民众。因此，蓝采和也是最贴近民众、最贴近生活的神仙，非常受老百姓推崇。

四、吕洞宾

吕洞宾是八仙中影响最大、传说故事最多的一位。历史上实有其人，他是一位道士，字洞宾，别号纯阳子，又号回道人。道教全真教奉其为全真北五祖之一，他被尊称为吕祖、吕祖师、吕仙祖、纯阳祖师。吕纯阳在道

教信仰中占有重要地位，许多地方建有吕祖祠庙，用于祭祀。对吕祖的信仰和崇拜，大约自北宋末年起开始兴盛，宋徽宗于宣和元年（公元 1119 年）封吕洞宾为"妙通真人"。南宋时已有专门奉祀吕祖的寺庙，并有塑像供奉。元世祖至元六年（公元 1269 年），吕洞宾被加封为"纯阳演正警化真君"。元武宗至大三年（公元 1310 年），他又被加封为"纯阳演正警化孚佑帝君"。吕祖神诞之日为四月十四日，道教信徒多于神诞日赴道观中吕祖殿烧香奉祀。

吕洞宾大约生活在唐末五代、北宋初年。《宋史·陈抟传》记载："关西逸人吕洞宾，有剑术，百余岁而童颜，步履轻疾，顷刻数百里，世以为神仙。"这说明吕洞宾确有其人。关于吕洞宾的传说杂多，仅他的姓名和籍贯就有许多说法：一说他姓吕名岩，字洞宾，号纯阳子，唐代蒲州人；一说他名吕声，河中府人；一说他是京兆人。

吕洞宾的修道故事比较

《吕纯阳真人之像》

为人熟知的，是吕洞宾出生于世代官宦之家，祖辈做过隋唐官吏。吕洞宾自幼熟读经史，曾在唐宝历元年（公元825年）中了进士，当过地方官吏。后来，他因厌倦兵起民变的混乱时世，抛弃人间功名富贵，和妻子一起来到中条山上的九峰山修行。他和妻子各居一洞，相对可望，遂改名为吕洞宾，道号纯阳子。民间传说在修炼过程中，他巧遇仙人钟离权，拜之为师。修仙成功之后，下山云游四方，为百姓解除疾病，从不要任何报酬。吕洞宾一生乐善好施，扶危济困，深得百姓敬仰。他死后，山西永乐县的家乡百姓为了缅怀他而修建了吕公祠。到了元朝，道教全真道兴盛，吕洞宾被全真教尊崇为北五祖之一，因此，吕公祠被改建为大纯阳万寿宫，为全真教三大祖庭之一。

自北宋以来，有关吕洞宾的传说逐渐增多，相继在民间流传。宋人叶梦得所撰

《岩下放言》卷中讲到世传神仙吕洞宾，名岩，乃唐人吕渭之后。五代间师从汉代人钟离权得道。入宋后，钟离权、吕洞宾两人出没人间。吕洞宾的踪迹屡屡有之，那些喜爱神仙道术的人，每以为口实。叶梦得又谈到他童年时，曾经听人讲过有关吕洞宾的故事，说是吕洞宾近年曾经光顾岳州城内一古寺，题二诗于壁间而去。一诗云："朝游岳鄂暮苍梧，袖里青蛇胆气粗。三醉岳阳人不识，朗吟飞过洞庭湖。"又一诗云："独自行来独自坐，无限世人不识我。惟有城南老树精，分明知道神仙过。"讲此故事的人又说，该寺有一棵大古松，吕洞宾到的时候，没有一个人知道。忽然，有一位老人从松树顶徐徐而下，向吕洞宾行礼致敬，如诗中所云。叶梦得的父亲命叶梦得背诵吕洞宾这两首诗。后来，叶梦得看到李观所撰有关吕洞宾的碑刻上，也有这两首诗。

叶梦得是宋代词人，字少蕴，苏州吴县人，为宋代名臣叶逵之后。绍圣四年（公元1097年）登进士第，历

| 清代中期吕洞宾木雕像 |

任翰林学士、户部尚书、江东安抚大使等官职。叶梦得生于宋熙宁十年（公元1077年），他童年时就听过吕洞宾的故事，可见，在宋朝有关吕洞宾的故事已经比较流行了。

关于吕洞宾的传说故事中，最有名的有黄粱梦、云房十试吕洞宾、吕洞宾三戏白牡丹、飞剑斩黄龙等。吕洞宾的传说不仅记载在宋明笔记、神仙传之中，还通过戏剧小说在民间广泛流传，至元明时期出现了大量的吕仙戏，如《吕洞宾三醉岳阳楼》《吕洞宾度铁拐李岳》等。吕洞宾的传说故事中不断增加世俗化的内容，如吕洞宾时常出现在酒楼、茶馆、饭铺等，吃吃喝喝，走后留下仙迹。这些世俗生活的内容，使吕洞宾这位仙人更富有人情味，赢得了百姓的喜爱。

五、何仙姑

何仙姑之名最早出现在北宋，她是永州地方的一个女巫。在宋代史料笔记小说《独醒杂志》和《东轩笔录》中记载了何仙姑的传说故事。何仙姑本是一位普通的农家女子。据说她小时候，有一次，在田野里放牧，遇到了一位异人。这位异人给她吃了一个桃子。此后，她便不饥不渴，不食不饮，还能测知未来，解说因果。这样，就在当地引起了轰动，名气越来越大，人们称她为何仙姑，特地为她造了一座楼阁，让她住在里面。甚至许多士大夫也对她的神通深信不疑，常去拜访她，请她占卜释疑，施行巫术，指点迷津。

何仙姑加入八仙行列是比较晚的事。在谷子敬的杂剧《吕洞宾三度城南柳》、马致远的杂剧《吕洞宾三醉岳阳楼》、无名氏的杂剧《吕翁三化邯郸店》《洞玄升仙》《吕纯阳点化度黄龙》《争玉板八仙过海》《贺升平群仙祝寿》、朱有燉的杂剧《吕洞宾花月神仙会》中，八仙都出现过，但其中却没有何仙姑。在汤显祖的《邯郸梦》传奇中，八仙群体才出现了何仙姑。剧中写道："向来蓬莱山山门之外，有蟠桃一株，三百年后，其花才放。时有浩劫罡风，等闲吹落花片，塞碍天门。先是贫道度了一位何仙姑，来此逐日扫花。近奉东华帝君旨，何仙

何仙姑像

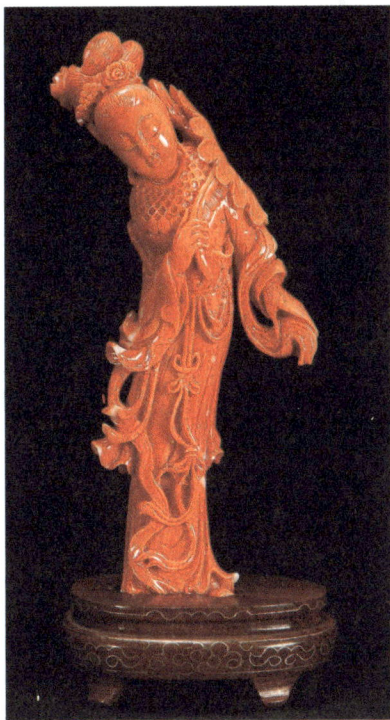

红珊瑚何仙姑像

明代张路《八仙图》之二何仙姑与蓝采和

姑也在八仙之内。作品里编入了何仙姑与八仙中其他神仙的故事。小说中写到何仙姑因食云母粉身轻体健后，一日，于溪上遇李铁拐、蓝采和。李铁拐和蓝采和二人授其仙诀，何仙姑遂能飞行。她在武则天在位时失踪，到景龙年间，又在李铁拐的度化下，白日飞升而去。吴元泰的小说将八仙中的李铁拐和蓝采和编写成了超度何仙姑的老师。从此，何仙姑就名正言顺地进入了八仙群体。

六、钟离权

钟离权，又称汉钟离，有传说他是汉代人，还有一种说法他是唐代人。钟离权的传说是北宋年间才有的。叶梦得的《岩下放言》卷中记载，钟离权是汉代人，后来成了神仙。五代年间，他

姑证了仙班。因此，张果老仙翁又着贫道驾云腾雾，于赤县神州再觅一人，来供扫花之役。"至此，何仙姑才列入了八仙仙班。

明代吴元泰创作的小说《八仙出处东游记》中何仙

传道给吕洞宾。进入宋代后，他与吕洞宾出没人间。在宋代的神仙传说中，钟离权是一个不修边幅、懒散狂傲、自由自在的神仙书法家。宋代《宣和书谱》卷十九云："神仙钟离先生，名权，不知何时人，而间出接物。自谓生于汉，吕洞宾于先生执弟子礼，有问答语及诗成集。"到了元明的传说中，钟离权不再是一个神仙书法家，而是一位将军或元帅了。元代马致远的杂剧《邯郸道省悟黄粱梦》中，演说了钟离权度吕洞宾成神仙的故事。其中钟离权自报家门，称是京兆咸阳人，自幼学得文武双全，在汉朝曾经拜征西大元帅。后来，他抛弃了家人，隐居在终南山，遇东华真人，授以正道，编发为双髻，赐号"太极真人"。

明代吴元泰的《八仙出处东游记》中，《钟离将兵伐寇》《钟离不肃交兵》《钟

上博画集选纸本钟离权像

离大败蕃阵》《蕃兵劫败汉军》《钟离败逃山谷》《东华传道钟离》诸回都讲述了钟离权成为神仙的故事。小说中钟离权乃汉朝大将，领兵讨伐吐蕃。这时，李铁拐

| 明代赵麒《汉钟离像》|

正好从空中经过，他知道钟离权注定要遇到神仙成道。如果这次征战钟离权大获全胜，朝廷论功行赏，给他封官加爵，他也许会迷恋富贵，在尘世中越陷越深，迷失本性。这样，要超度他成神仙，就更加麻烦了，要费许多周折。因此，还是不要让他获胜为好。于是，李铁拐化身凡人帮助吐蕃打钟离权，钟离权由此大败，只身逃入山谷，遇东华帝君，终于得道成仙。钟离权成仙的故事中，加入了李铁拐，使得钟离权与八仙联系了起来。

八仙之中，钟离权的地位是最为尊贵的。他的师父东华帝君掌管着群仙的籍禄。后来，群仙的籍禄又直接由钟离权掌管。吕洞宾、蓝采和、刘海蟾，都是钟离

权亲自超度成为神仙的。何仙姑、韩湘子、曹国舅，或是吕洞宾超度，或是钟离权参与超度的。虽然有铁拐李协助超度钟离权之说，但是这种说法流传不广。在杂剧中，铁拐李是吕洞宾超度的，因此，八仙中，除了张果老外，其他都是钟离权的徒子徒孙。道教全真教创教祖师王重阳自称遇到钟离权、吕纯阳二位仙人，授予金丹真诀，遂在终南山修行悟道。因此，全真教尊奉钟离权、吕洞宾为祖师，称"钟祖""吕祖"。

梳着一个双丫髻是钟离权在舞台上的标志形象，民间流传有"钟离权到老梳丫髻"之语。在元杂剧《争玉板八仙过海》中，钟离权是踏着芭蕉扇过海的。因此在

白描汉钟离像

民间的故事和戏曲中，钟离权常以梳着一个双丫髻、手持芭蕉扇的形象出现。

七、铁拐李

铁拐李又叫李铁拐。有一种说法认为铁拐李是八仙之首，但是他的来历却说不清楚。因为在八仙中有几位是历史上真实的人物，但是李铁拐却是一位传说人物，所以关于他的姓氏、籍贯和生活时代有不同的说法。

铁拐李的故事出现在文献记载中比较晚。《湖海新闻夷坚续志》一书中记录了南宋时发生的一则《铁拐托梦》的故事，这大概是有关铁拐李最早的记载。岳伯川的杂剧《吕洞宾度铁拐李岳》是现存最早有关铁拐李来历的故事记载。故事发生在北宋时期，吕洞宾欲超度岳寿成仙，后来岳寿借尸还魂为李岳李铁拐，而后随吕洞宾出家修仙。

李铁拐因为是传说人物，所以民间给他附会的身世传说颇多。明清时期，民间流传的李铁拐成仙的故事，与岳伯川杂剧中的故事不同。汪汲的《事物原会》中说李铁拐乃李元中。李元中，唐玄宗开元至唐代宗大历年间的人，学道于终南山，修炼了四十年。一天，他在修炼之时，神魂走出身躯，到别处游玩。这时，一只老虎跑来，看见他的躯体，便上前撕咬，美餐一顿。等到李元中的神魂回来，一看自己的

上博画集选纸本李铁拐像

躯体已被老虎吃了，无所依托。恰巧看见了一个瘸腿叫花子的尸体，他便附在这个尸体上，活了过来，继续修炼，成了神仙。因为是瘸腿，他挂了一根铁拐，所以人们就叫他铁拐李或李铁拐。《续文献通考》中认为李铁拐是隋朝人，大名洪水，小名拐儿，又名铁拐，是个乞丐。人们当然都很瞧不起他，不想他竟是个得道的神仙。有一天，他以铁拐掷空中，化为一条龙，他便乘龙腾空而去。《通考全书》又讲李铁拐姓李，名孔目，有足疾。西王母点化他，让他成了仙，封为东华教主，又给了他一根铁拐，故称李铁拐。他前往京师，度了汉代大将军钟离权成仙。此后，被加封为"紫府少明君"。

李铁拐在民间的影响很大，大概是因为传说他身背的大葫芦里有治病救人的灵丹妙药，民间卖狗皮膏药的这一行业就把他尊崇为祖师爷。而在人们心中，李铁拐的形象是脸色黝黑，蓬头赤脚，胡子拉碴，大眼如环，衣衫褴褛，瘸腿并挂着一根铁制拐杖。

八、曹国舅

八仙故事中，曹国舅的故事出现最晚。相传曹国舅是最后一个进入八仙仙班的神仙。曹国舅最早在宋代被内丹道收编为吕洞宾的弟子，但是关于他的人物故事却一直到元明时期才有记载。

曹国舅的身世主要有三种说法：一说他是宋仁宗曹皇后的长弟，名景休；一说

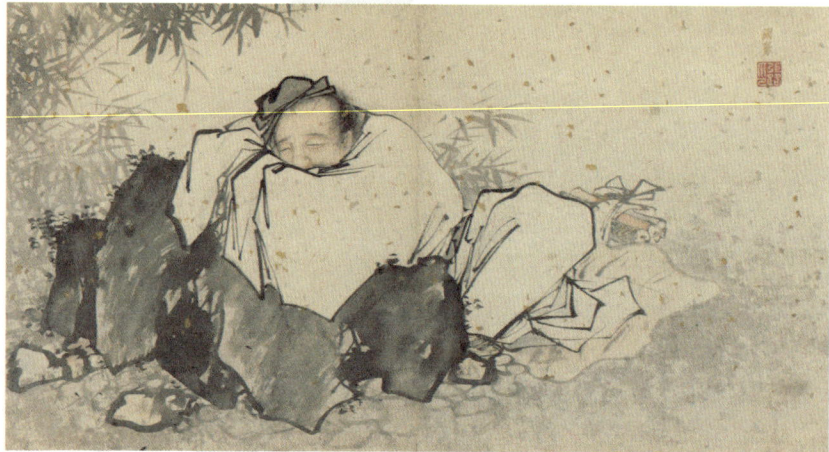

他是宋仁宗的大国舅，名讳不详；一说他是宋仁宗曹皇后的弟弟曹佾。有关曹国舅的传说，在宋元时期可能不多，流传得也不广，流传的历史也不长，因此元朝著名道士赵道一编撰《历世真仙体道通鉴》时并没有收录曹国舅的仙传。元代苗善时所编的《纯阳帝君神化妙通纪》卷三中，有《度曹国舅》一则故事，讲述了曹国舅得道的经过。

曹国舅是宋仁宗曹皇后的弟弟。他相貌俊美，思维敏捷，生性不喜富贵，志慕清虚。皇帝很喜欢他，赏他皇帝日常穿的黄袍和红腰带。一天，曹国舅向皇帝、皇后辞行。皇帝问他到哪里去，他说："道人家信意十方，随心四海。"大概是不忍心他出去受苦，皇帝就赐给他一块金牌，上刻"国舅到处，如朕亲行"八字。离开京师以后，曹国舅到处流浪，手持笊篱，化钱度日。一日，来到黄河渡口，乘船渡河。艄公索要渡钱，曹国舅无钱支付，没有办法，便于衣中取出金牌交给艄公，抵作渡钱。舟中人见金牌上字，皆呼万岁，艄公惊惧。这时，同船的一位衣衫褴褛的道人向曹国舅喝道："你既已出家，如何还仗势吓人、欺人？"曹国舅向这道人恭敬行礼，道："弟子怎敢仗势？"道人又云："那么，你肯将这金牌弃于水中吗？"曹国舅随声便把金牌掷向激流。众皆惊拜。道人招呼曹国舅上岸，在一大树下歇息，向曹国舅道："你认识吕洞宾吗？"曹国舅道："弟子凡夫俗子，何识仙人？"道人叹云："我就是吕洞宾，特来度你。"曹国舅再拜。吕洞宾授以妙道口诀，曹国舅遂修炼成仙。

到了明代，吴元泰的《八仙出处东游记》中讲述了曹国舅入八仙的过程。小说中钟离权、吕洞宾弈棋斗气，吕洞宾为了泄愤，与随从弟子下界，助辽国萧太后攻宋，宋军不敌。钟离权下凡，收服吕洞宾，助宋军破辽兵。

明代张路《八仙图》之三曹国舅和韩湘子

43

|清代康熙时期石雕曹国舅立像|

众仙怒责吕洞宾。吕洞宾知错认罪。韩湘子设宴调停，诸仙遂共议度曹国舅成仙，入此仙班，成八仙之数。在八仙中，曹国舅一直以身着红官袍、头戴乌纱帽的形象被人们所熟悉。

总而言之，八仙的故事是我国最流行，并为老百姓所喜闻乐见的仙话。八位仙人各有其特殊的性格和事迹，同时又结成一个仙人群体。八仙人物没有半点神仙的威严，反而人情味颇浓，让民众感到亲切可爱，这也是八仙深受民众喜爱和景仰的原因。八仙的传说事迹大都离奇曲折、诙谐有趣，反映了社会各阶层人民的意志和心态。

中国民俗中的八仙文化

中国民俗中的八仙文化

一、八仙的法宝——暗八仙

在"八仙过海，各显神通"的故事中，八仙各自持有一件法器，于是在后世八仙的这些法宝成为八仙自身的隐喻。民间以八仙的八种法器来代表八仙，所以产生了"暗八仙"的说法。民间有一首歌谣唱道：

钟离宝扇自摇摇，拐李葫芦万里烧。

洞宾持起空中剑，采和一手把篮挑。

张果老人知古道，湘子横吹一品箫。

国舅曹公双玉板，仙姑如意立浮桥。

歌谣中唱的正是八仙各自带在身边的八件法宝，每一件法宝代表相应的一位神仙。民众出于对八仙人物及八仙事迹的喜爱，到了明末清初，八仙持有的宝物逐渐从八仙身上分离出来，独立形成了"暗八仙"的体系。

传说铁拐李持有的大

清代光绪时期斗彩暗八仙纹束腰盘

47

石雕青石板暗八仙图

葫芦里面装着长生不老的丹药，寓意救济众生和长生不老；传说钟离权的扇子能让人起死回生，具有长寿和绝境逢生的寓意；吕洞宾随身携带的宝剑能斩妖除魔，寓意镇邪驱魔；蓝采和所持的花篮中装满仙品，能广通神明；张果老所持的渔鼓是占卜的仙器，能知过去未来，占卜人生，暗指知天命、顺天应人；韩湘子吹的洞箫能使万物焕发生机，寓意生机勃勃；曹国舅手持的玉板可

以净化环境，让人心态平和，不为外事所困扰，寓意心静神明；何仙姑所持的荷花具有出淤泥而不染的特质，能使人修身养性，不染杂念，同时又寓意冰清玉洁。因此，葫芦、团扇、渔鼓、宝剑、莲花、花篮、洞箫（或笛子）和阴阳板组成了"暗八仙"图案。

暗八仙图案是在元代八仙图像基本确定后，通过对八仙宝物的单独描绘产生的一套图案系统。由于暗八仙图案象征吉祥如意，暗八仙发展成为深受人们喜爱的中国民间吉祥艺术纹样，主要用于表达吉祥长寿的寓意。在图案的流传中，暗八仙的图案在明清被广泛应用在宗教建筑、民居、家具、瓷器以及剪纸等民间工艺品中。

暗八仙作为吉祥图案，在明清时期较为流行，其图案形象广泛传播，在云南、广西、贵州等边远地区也可以看到八仙图像的影响。例如暗八仙图案在云南的建筑上出现，至今仍有保存。云南巍宝山斗姥阁建于清代，木质建筑于2010年毁于大火，石质护栏上的八仙石雕仍可辨认。暗八仙的图案也大量出现在民居中。可以说，传统民居和其他古代建筑物上的暗八仙表达了民众对八仙神力象征的崇拜。

暗八仙在各种器物上也表达祥福的意义，如清代青花瓷瓶上以西王母为中心的八仙祝寿图。在暗八仙鼻烟壶中则运用了暗八仙的描绘方式来阐述"八仙过海"的传说。它们都是对八仙过海图像象征意义的表达。暗八仙不仅有单独抽象出来的神器图案，还有变形组合的复合图案，如上海小校场石版古年画中也绘有福禄寿喜四仙以及铁拐李、钟离权、张果老、吕洞宾、何仙姑、蓝采和、韩湘子、曹国舅八仙与其坐骑。

暗八仙图案的出现并广为流传，一是源于民众对八仙人物及八仙事迹的喜爱，

| 清代掐丝珐琅暗八仙纹三多桃形洗 |

| 清代乾隆时期青花釉红八仙纹碗 |

二是源于中国人对数字和法宝的崇拜。一般来说，中国人选择良辰吉日讲究用"双日"，认为偶数吉祥而奇数不吉祥，如二、四、六、八、十。中国民间又有谐音取意的习俗。"八"和"发财"的"发"音相近，"八"被人们认为是吉祥的象征，是好运的代名词，因此八仙群体的组成人员选定为八位。暗八仙图案中出现的法宝也正好是八件。因此，暗八仙纹样承载着八仙文化的内涵，表达了民众对吉祥长寿等美好寓意的追求，成为中国民间吉祥艺术中一组独特的艺术符号。

二、八仙与中国的吉祥神崇拜

中国社会有浓厚的吉祥观。由古至今中国人一直存有追求吉祥、趋吉避害的观念。中国人对吉祥神的崇拜也是中国传统文化的重要组成部分。中国民众信仰福禄寿三星、喜神、财神、西王母、和合二仙等神灵，表达了中国人传统中对长寿、富贵、多子多福、喜庆等心态的追求和祝愿。八仙传说中铁拐李、汉钟离、蓝采和、张果老、何仙姑、吕洞宾、韩湘子、曹国舅都是凡人修道成仙，而且八仙的形象分别代表了男女老幼、富贵贫贱，因此八仙也成为深受民间喜爱的吉祥神，走进并融入了人们的社会生活。

民间传说的故事中八仙会定期赴西王母蟠桃大会祝寿，所以八仙祝寿的故事在民间广为流传。相传每逢农历三月初三，王母娘娘寿辰时，会在瑶池举办蟠桃寿宴。玉皇大帝和天上诸神诸仙都来贺寿。瑶池奇花盛开，仙乐相从，大摆筵席。在众多的贺寿礼品中，王母娘娘唯独对八仙的贺寿云轴情有独钟。因此，在民间艺术中"八仙祝寿"成为常见的祝寿题材，八仙祝寿表达了民众追求长寿的美好愿望。

八仙祝寿的年画深受人们喜爱。年画上还常常配着一首诗："万岁蟠桃海上栽，得道鹿骨换仙胎。蓬莱阆苑三千远，时有群仙献寿来。

八仙祝寿年画

清代佚名《八仙寿图》

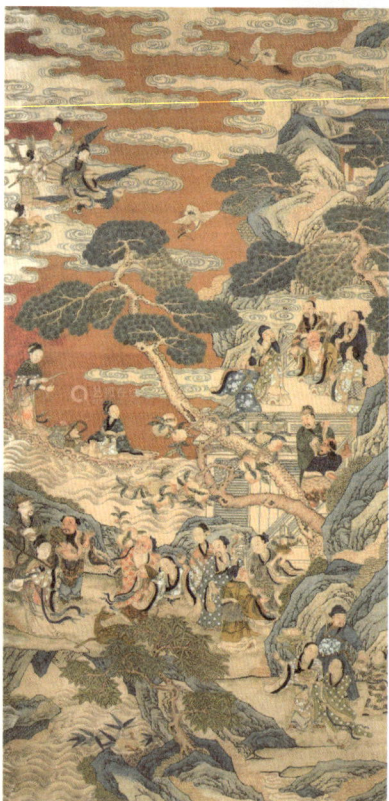

钟离点石把扇摇，果老骑驴走赵桥。洞宾背剑清风客，国舅瑶池品玉箫。采和手执云杨板，拐李先生得道高。仙姑敬奉长生酒，湘子花篮献蟠桃。"

八仙祝寿的素材也被广泛用于其他的艺术创作，如瓷器、织物等，以表达人们对长寿的追求，对美好生活的祝愿。清朝乾隆年间缂丝织造的《群仙祝寿图》，以浅色经丝为地儿，上用彩色纬丝缂织仙台玉阁，台阁云气缭绕，瑞鹤盘旋，苍松郁郁，蟠桃磊磊，营造出灵动祥和的仙境氛围。最上方西王母携侍女乘凤而来，仙台上吕洞宾遥相施礼，其旁福禄寿三星谈笑风生。灵台下寿海中麻姑驾舟而至，舟中满盛玉瓶牡丹。岸边八仙各收法器，又有刘海蟾手举铜钱戏弄金蟾。最下部为和合二仙与送子张仙。这幅作品不仅具有祝寿的意义，还表达了富贵平安、子孙昌盛的美好祝愿。

明朝嘉靖皇帝信奉道教，有关道教内容的题材与纹样被大量地绘制在官窑瓷器上。嘉靖瓷器上充满了道教色彩的纹饰，如人物纹有八仙过海、八仙炼丹、八仙捧寿，植物纹有灵芝、仙桃、万年松，动物纹有云鹤、白鹿、飞马、麒麟，此外还有暗八仙、祥云、八卦、寿山福海等。嘉靖时期的青花八仙云鹤纹葫芦瓶，上圆下方，腰部细长，呈葫芦形。瓶上绘有云鹤，象征道教的"羽化登仙"。瓶的圆形上部绘有吕洞宾、汉钟离等八仙形象，个个神采奕奕，飘逸自得，栩栩如生。此瓶上圆下方的葫芦造型，寓意着天圆地方的宇宙观念。

为了寻求吉祥祝福，传统民间社会中人们还在做寿时请戏班子上演八仙祝寿，来增添喜庆氛围。中国许多

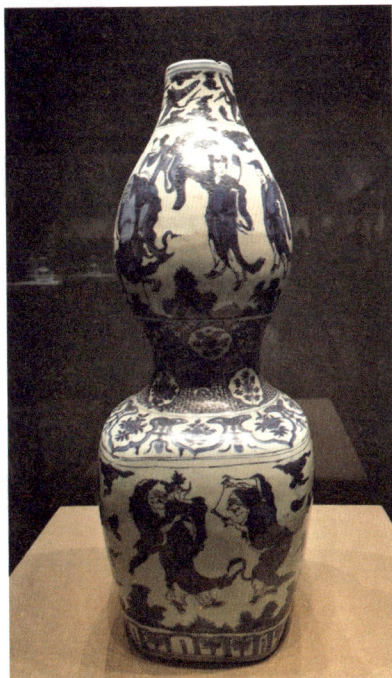

| 明代嘉靖时期青花八仙云鹤纹葫芦瓶 |

地方的迎神赛会中，进行民间戏曲酬神时也经常上演《醉八仙》或《八仙祝寿》等戏曲节目。

三、八仙与行业保护神信仰

在我国传统文化中有尊崇祖师的信仰。社会上各行各业、手工百艺、士农工商、医卜星相、三教九流都有本

华佗塑像

行业崇敬的祖师，有"行行有祖师爷，业业有守护神"的说法。如农耕的祖师是后稷，蚕桑纺织的祖师为嫘祖，建筑行业的祖师为鲁班，医药行业的祖师为华佗、孙思邈等。民间这种对祖师的崇敬自古就有，流传至今，反映了人民群众尊师敬业的道德和思想。有些行业的祖师被当作行业的保护神。在科学技术落后的古代社会，人们缺乏抗拒自然灾害和社会邪恶势力的能力，便借助神力来保护自己，所以古代各行业所供奉的用来保佑本行业利益的神明就成了行业保护神。

八仙中的铁拐李、张果老、吕洞宾、曹国舅、韩湘子、蓝采和分别被许多行业奉为祖师爷和行业保护神。剃头业、医药业、魔术业、金银匠、造墨匠等奉吕洞宾为祖师或保护神。鞋业、乞丐、卖狗皮膏药的奉铁拐李

为祖师。吹鼓手奉韩湘子为
祖师。提篮小贩奉蓝采和为
祖师。祁东渔鼓艺人奉张果
老为祖师。

　　八仙被许多行业奉为祖
师爷和行业保护神，主要是
与他们在民间流传广泛的传
说故事有关。吕洞宾的传说
最多，因此他担任的行业保
护神也最多。他被理发业尊
为祖师爷，起源传说也有多
种，其中最流行的一种传说
是：明朝开国皇帝朱元璋每
次理发都因理发师不小心碰
到他头上的疮而痛苦不堪，
他大发雷霆，接连砍杀了数
位理发师。吕洞宾获悉此事
后，下凡扮成理发师，前去
为明太祖理发，结果不但没
有碰到疮，还治好了明太祖
的恶疮。明太祖龙心大悦，
要赏他金银财宝，他却不要，

民国寿山石雕八仙过海

只要求明太祖赐他一面红旗，插在理发店门口。从此，他便被尊为理发业的守护神。还有一种传说则是吕洞宾座下的柳仙下凡，到剃头店里去叫人给他剃头。但是他的头发一边剃一边长，足足剃了一天还没有剃干净。吕洞宾得知后变成一个凡人的模样，把那斩黄龙的飞剑取出来，吹了一口仙气，剑变成一把剃刀，把柳仙的头发剃干净了。柳仙大吃一惊，问："你是什么人？如何有这等法力？"吕洞宾微微一笑现出了原形，柳仙一看是师父，连忙也现出了原形，他脑袋上长了一棵柳树。师徒二人化作一阵清风而去。一帮剃头匠这才知道是神仙下凡，连忙焚香叩谢，从此就奉吕洞宾为祖师了。因为

吕洞宾被奉为理发业祖师，北京、湖北、福建、广东、台湾等地的理发业都以吕祖庙为祖师庙。还有传说吕洞宾授人以神方，称"吕祖仙方"，共四百五十方，男科、妇科、外科、幼科各一百方，眼科五十方。此传说中吕洞宾与医药行业有关，因此医药行业也把吕洞宾奉为医药业保护神。

铁拐李在民间历来有药仙之称，所以膏药贩把铁拐李奉为祖师爷。传说彰德府有个做膏药的王掌柜，给一个瘸腿的乞丐治疮，几次都没治好，那乞丐在膏药上面贴了块狗皮，疮就好了。原来乞丐是铁拐李，他是来指点仙方的。铁拐李还被乞丐奉为祖师，每年农历四月初八为乞丐祖师生日，乞丐们

铁拐李坐像

能被许多行业奉为祖师爷和行业保护神。这种行业保护神的崇拜，也反映了中国传统社会中各行业劳动者祈求神灵保护他们能够安居乐业的心态和愿望。

四、八仙与中华武术文化

武术是中华民族勇敢与智慧的结晶，是中华民族的优秀文化遗产之一。它产生于我国古代人们的搏斗，是人与人、人与自然界生物斗争求生存的技术。武术在中华大地上绵延数千年，植根于中华传统文化的沃土，在不同的年代、区域、民族、人群中，涌现出了各具神功妙招的千门百派。中华武术中有些拳术、剑法就源于仙佛神话。如八仙拳、八仙剑就是从八仙神话传说中衍生

要凑在一起祭祖唱戏。铁拐李之所以当了乞丐的祖师，也是因为传说故事中他曾当过乞丐的缘故。

因为八仙聚集了社会上的各种角色，有着广泛的代表性，而民间社会中有关八仙的传说也很多，所以八仙

的拳种和剑法。

武当武术中有一种流传较广的八仙拳，又称醉八仙拳，是模仿八仙各饮酒醉态而形成的传统拳术，属象形类拳种之一。腿走八卦、醉眼蒙眬、跌跌撞撞、摇摇摆摆，主要表现出醉形、醉态。实际上该拳法讲究形醉意不醉，拳醉心不醉，有其独特的手眼身法步。如汉钟离解衣，蒙蒙眬眬；吕洞宾饮酒，似醉非醉；铁拐李独步下云梯，如灵猿出洞等。因其行招走势如醉汉，故名"醉拳"。拳法讲究手疾眼快，形醉意清，随机就势，避实击虚，闪摆进身，跌撞发招；身法矫健，刚柔相济，醉而不乱，以醉态攻其不备，以醉步攻其无形。

而流行于河间一带的八仙拳是另一种八仙拳法，和武当八仙拳的拳路大不相同。当地传说八仙云游路过安徽八公山时，正值农民晒豆子。八仙看到一粒粒黄豆黄澄澄，粒粒如珠，很是喜人。又见八公山下的泉水清澈，八仙一时兴起，就在此地用大豆炼丹。炼了七七四十九日，开炉一看，结果想炼的丹药却成了一炉豆腐。开炉之日，围观的百姓人山人海，都等着看仙丹，结果弄出一炉豆腐，岂不好笑！八仙觉得很没面子，又气又急，站也不是坐也不是，一个个拿出不同的样子发泄胸中的闷气。一时间，汉钟离推窗望月，吕洞宾仗剑横行，曹国舅绕丹炉，蓝采和阴阳板倒打连环，这些反常的动作令众人眼花缭乱，大开眼界。人们一片欢腾，掌声如雷，群起喝彩。这时终南山住持玉虚道长正好路过，看仙家表演完，他随即打出一套拳术并请八仙指教。八仙看罢一愣，问："道长打的是什么拳？"玉虚道长笑呵呵地说："仙家刚才怒气冲冲，但打出来的拳开合有度、变化多端，可谓八仙拳术啊。"八仙恍然大悟，玉虚道长又说："炼丹不成成豆腐，八仙拳术传后人。"

于是当地流传这则"炼丹成豆腐，八仙一怒创神拳"的故事传说，成为当地八仙拳的创拳来历。武当八仙拳讲究的是醉意，而河间一带的八仙拳则注重拳含怒气。

除了八仙拳，还有八仙剑也是受到八仙传说影响而形成的。八仙剑是假托于八位仙人的动作姿态，结合武术特点，寓以剑法，形成刚柔相济、势如游龙的剑术。其招式基本都以八仙命名，

武当剑术

如湘子提篮、国舅横笛、仙姑醉卧、采和合板、果老挥鞭、钟离献宝、洞宾背剑、拐李挂杖等。八仙剑法有多种，如武当八仙剑、少林八仙剑、峨眉八仙剑、青城八仙剑、螳螂八仙剑等。其中，武当八仙剑共有八十一式，取材于铁拐李、吕洞宾、张果老等八位仙人的动作姿态，结合武当的武术特点，寓剑法于其形，藏武技于身法之中，以八仙的不同形态淋漓尽致地表现出来，使剑法与神形紧密结合，动作朴实无华，劲力刚柔兼备，形似八仙神态，势如游龙戏珠。

五、重要的八仙庙宇与各地祭祀活动

1. 西安八仙宫

西安八仙宫又名八仙庵，是西安最大、最著名的道教观院，位于西安市东关长乐坊，始建于宋代。八仙宫以其美丽动人的八仙传说而享誉海内外，被视为道教仙迹胜地。

关于八仙宫的来历源于八仙宫第一道牌楼下的一座石碑。石碑上刻字"长安酒肆"，旁刻"吕纯阳先生遇钟离权先生成道处"。民间

长安酒肆石碑

传说吕祖初遇钟离权于长安酒肆，受钟离权点化，吕祖感悟，拜求度世。分别后，钟离权遂以十试其心。而当地人认为八仙宫就是为唐代吕洞宾遇汉钟离，"一枕黄粱"点破千秋迷梦而感悟成道之处。后人为纪念吕祖，于是在此处立祠祭祀。另外，据八仙宫碑石记载，宋朝时期八仙宫地下常闻隐隐雷鸣之声，百姓建雷神庙镇之。后有人于雷神庙看见八位异人游宴于此，认为是八仙显化，遂建八仙庙祀之，称八仙庵。

金元之际，道教全真教大兴，全真教尊钟离权、吕纯阳为北五祖之一，因而在仙迹故址的基础上大兴土木，扩建庙宇殿堂。元至元年间，安西王忙哥剌笃信道教，因为祈祷获得灵应，遂奏请皇妃修八仙庵。明宪宗成化年间，秦府永寿王朱尚灴夜梦八仙，遂对八仙庵进行了全面维修，并亲笔题写了"蓬莱"匾额。明正德年间，

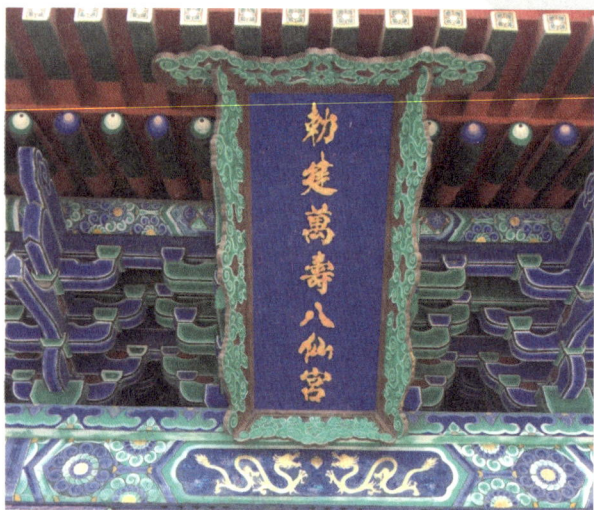

敕建万寿八仙宫匾额

因疾雷自庵中升起，云中现神异形象，于是道教信众在此建八仙殿并增建雷祖殿。明朝末年，八仙庵毁于战乱。清康熙年间，西安当地民众集资兴复八仙庵，敦请著名道士任天然为住持，重修殿堂，并扩建东跨院。此后，八仙庵开坛演戒，成为道教全真派十方丛林。雍正五年（公元1727年），道士高永勤等又进行了较大规模的维修。嘉庆十一年（公元

1806年），道士董清奇住持八仙庵，整顿十方丛体制，增建西跨院。清光绪二十六年（公元1900年），八国联军入京，慈禧太后、光绪皇帝西逃到西安避难，驻跸八仙庵。慈禧太后封八仙庵方丈李宗阳为"玉冠紫袍真人"，赏银千两，扩建宫观，并为八仙庵颁赐"玉清至道"匾额，赐名"敕建万寿八仙宫"。八仙宫之名由此而来。

西安八仙宫现存殿堂建筑均保留明清两代风貌，风格古朴，布局紧凑，庄严雄伟，院落雅洁，环境优美，奇花异草，古树参天。由山门至后殿分三进，钟、鼓二楼分列左右，并有东西两跨院。其中轴线上有灵官殿、八仙殿、斗姥殿，东跨院分别有吕祖殿、药王殿及太白

殿，西跨院有邱祖殿和宫内住持住房等。

八仙殿为万寿八仙宫的主殿，是道观日常举行盛大宗教活动的场所。殿门正中悬挂着"宝录仙传"四字匾额，为清光绪皇帝所书。殿内正中奉祀着东华帝君，两侧分别为汉钟离、张果老、韩湘子、铁拐李、吕洞宾、曹国舅、蓝采和、何仙姑的八仙泥塑彩像。

吕祖殿创建于清康熙年间，嘉庆年间重修，主要奉祀吕纯阳祖师，即八仙中的吕洞宾。每月初一、十五日及农历四月十四日吕祖诞辰时，道观香客满堂，香火旺盛。

2. 北京白云观的八仙殿

白云观位于北京市西城区西便门外的白云观街9号，是道教全真教三大祖庭之一。自元朝起为全真教"第一丛林"。白云观前身为天长观，始建于唐开元二十九

北京白云观

北京白云观八仙殿八仙雕塑

年（公元 741 年）。《大唐六典》卷四记载，道观在每年正月十五日、七月十五日、十月十五日以及皇帝诞辰日，都举行祭祀。皇帝诞辰日称"千秋节"，又称"天长节"，所以该观得名

"天长观"。天长观是北京地区历史上有记载的第一座道观。

金明昌三年（公元 1192 年），该观遭焚毁。翌年起，另在天长观旧址的西侧重修，后更名为太极宫。1224 年，道教全真派长春真人丘处机奉元太祖成吉思汗之诏入驻太极宫，掌管全国道教。过了三年，天长观更名为长春宫。金正大四年（公元 1227 年）丘处机去世，其弟子尹志平等人在长春宫东面的下院建白云观。元朝末年，长春宫等建筑毁于战火，白云观独存。明洪武二十七年（公元 1394 年）重建前后二殿和一些附属建筑，正统年间又大规模重建和添建，使道观的规制趋于完善。明正统八年（公元 1443 年），

正式赐额"白云观"。清康熙四十五年（公元1706年）在道观原来的基础上进行了大规模的重修与扩建，形成如今白云观的整体布局和主要殿阁规制。中华人民共和国成立后，政府于1956年拨款进行修缮，1957年白云观被定为中国道教协会会址。

白云观坐北朝南，分为中、东、西三路以及后院四个部分。主要殿宇位于中轴线上，包括山门、灵官殿、玉皇殿、老律堂、邱祖殿、三清阁等建筑，配殿、廊庑分列中轴两旁。西路建筑主要有吕祖殿、八仙殿、元君殿、元辰殿、祠堂等。东路建筑有三星殿、慈航殿、真武殿等。

其中，吕祖殿位于白云观西路"玉清圣境"院内正

北，建于清光绪年间，殿内奉祀吕洞宾祖师。吕祖殿内奉祀"纯阳演正警化孚佑帝君"吕洞宾神像。据《白云观神仙考》记载旧时殿内尚配位有"八仙"神像，但是现在不存了。另有八仙殿位于"玉清圣境"院内南面，建于清嘉庆十三年（公元1808年）。此殿为吕祖殿之配殿，殿内奉祀钟离权、吕洞宾、张果老、曹国舅、铁拐李、韩湘子、蓝采和、何仙姑神像，是北京地区祭祀八仙的主要神殿。

3. 山西永乐宫

山西永乐宫是为奉祀中国道教北五祖之一的吕洞宾而建的道观，原名"大纯阳万寿宫"。因建在山西省芮城县永乐镇，所以被称为永乐宫。永乐宫原址位于山西

|山西永乐宫重阳殿|

省芮城县永乐镇招贤村，现址位于芮城县城北3公里的龙泉村东侧。

有传说吕洞宾是河中府永乐镇人，乡人为缅怀圣贤而建吕公祠，后来因为元朝道教全真教兴盛，吕洞宾被全真教尊崇为北五祖之一，所以吕祖故里的吕公祠被改建为大纯阳万寿宫。山西永乐宫、终南山重阳宫、大都长春宫（今北京白云观）并列为全真教三大祖庭。永乐宫兴建于元定宗贵由二年

（公元1247年），竣工于元至正十八年（公元1358年）。永乐宫的修建与宫内彩绘壁画的绘制前后延续了一百多年。

永乐宫是典型的元代建筑风格，粗大的斗拱层层叠叠地交错着，四周的雕饰不多，较为简洁明朗。在永乐宫内，宫宇规模宏伟，布局疏朗。除山门外，中轴线上还排列着龙虎殿、三清殿、纯阳殿、重阳殿等高大的元代殿宇。宫殿内部的墙壁上，

布满了精心绘制的壁画。这些壁画总面积达960平方米，题材丰富，画技高超。永乐宫壁画继承了唐宋以来优秀的绘画技法，又融汇了元代的绘画特点，具有极高的艺术价值，是我国古代绘画艺术的瑰宝。

现存的永乐宫主要建筑为一门三殿，一门为龙虎殿，也就是无极门，三殿为三清殿、纯阳殿、重阳殿。其中，纯阳殿是为奉祀吕洞宾而建。纯阳殿东、北、西三壁以52幅画组成一部《纯阳帝君神游显化图》，以连环组画的形式来表现传说中吕洞宾一生的事迹。壁画幅高3.5米，面积为203平方米，分为上下两栏，幅与幅间用山石云树连接，每一事件既单独成章，又能通过景色相互衔接。从总体看，全画是一个完整的青绿山水通景，描绘了吕洞宾从降生到得道的种种神灵事迹，大多为荒诞无稽的传说故事。

纯阳殿扇面墙后壁还有一幅《钟离权度吕洞宾》的

永乐宫壁画《钟离权度吕洞宾》

壁画，高 3.7 米，面积 16 平方米，是纯阳殿壁画的精华所在。画中的吕洞宾和钟离权坐在深山的磐石上，背景是一棵苍劲的老松，左右两旁流淌着山中泉水。背松而坐的钟离权体态健壮，袒胸露腹，赤脚穿着麻鞋。他双目炯炯有神，脸上带着慈祥、亲切的笑容，正注视着吕洞宾。吕洞宾则拱手端坐，神态谦恭地静听，但其两手笼袖、左手轻捻右衣袖的细节，却暴露出内心处在不知何去何从的矛盾之中。画面环境处理巧妙，用笔简练，技法精湛，代表了元代高超的绘画水平。纯阳殿扇面墙相对的北门门额上为《八仙过海图》，南壁东西两侧为《道观斋供图》和《道观醮乐图》。

4. 山东蓬莱阁

中国神话传说中蓬莱、瀛洲、方丈是海中的三座神山，为神仙居住的地方。传

| 蓬莱八仙过海石雕 |

《八仙神通图》

说秦始皇派遣方士徐福乘船寻访蓬莱仙岛，入东海求取长生不老药。八仙过海的神话传说也发生在蓬莱。相传吕洞宾、铁拐李、张果老、汉钟离、曹国舅、何仙姑、蓝采和、韩湘子八位神仙，在蓬莱阁醉酒后，展示各自的宝器，凌波踏浪、漂洋渡海而去，留下"八仙过海，各显神通"的传说。

蓬莱阁现位于山东省烟台市蓬莱区。蓬莱阁的主体建筑建于宋嘉祐六年（公元1061年），坐落于丹崖山顶，阁楼高15米，坐北面南，系双层木结构建筑。蓬莱阁上四周环以明廊，可供游人登临远眺。阁中高悬一块金字模匾，上有清代书法家铁保手书的"蓬莱阁"三个大字。阁下面临大海，建筑凌空，四季海雾飘绕，素有"仙境"之称。明万历十七年（公元1589年）巡抚李戴在蓬莱阁旁增建了一批建筑，清嘉庆二十四年（公元1819年）知府杨丰昌和总兵刘清和又主持进行了扩建，使蓬莱阁形成比较大的规模。蓬莱阁两侧有观澜亭、宾日楼、避风亭、卧碑亭、姜公祠等建筑。阁后有仙人桥，传为八仙过海处。蓬莱阁南有三清

|八仙年画|

童和柳树精。

殿、吕祖殿、天后宫、龙王宫等道教宫观建筑，均依丹崖山势而筑，层层而上，高低错落，与阁浑然一体。

其中，蓬莱阁吕祖殿位于宾日楼南，由清光绪三年（公元1877年）知府贾湖、总兵王正起倡议兴建。吕祖殿殿内设高台神龛，中间祭祀吕洞宾坐像，左右侍立药

八仙的传说在民间广泛流传，是中国社会家喻户晓的故事。经历了近千年的时间，八仙的形象和传说与中国传统的伦理思想和民俗信仰密切结合了起来，八仙信仰成为中国古代社会流传下来的一种影响广泛的民间信仰。八仙信仰的发展和变迁折射着中华历史发展的轨迹。从八仙文化中产生的戏曲小说和民俗活动都是中华文化的创造物，反映了中华民族的民族意识和审美追求。

图书在版编目（ＣＩＰ）数据

八仙过海 / 林巧薇编著；黄景春本辑主编. -- 哈尔滨：黑龙江少年儿童出版社，2021.10（2022.7重印）
（记住乡愁：留给孩子们的中国民俗文化 / 刘魁立主编. 第十辑，民间信俗辑）
ISBN 978-7-5319-7328-7

Ⅰ．①八⋯ Ⅱ．①林⋯ ②黄⋯ Ⅲ．①八仙－信仰－民间文化－中国－青少年读物 Ⅳ．①B95-49

中国版本图书馆CIP数据核字(2021)第200772号

记住乡愁——留给孩子们的中国民俗文化　　　　　刘魁立◎主编

第十辑 民间信俗辑　　　　　　　　　　　　　　　黄景春◎本辑主编

八仙过海 BAXIAN-GUOHAI　　　　　　　　　　　林巧薇◎编著

出 版 人：张 磊
项目策划：张立新　刘伟波
项目统筹：华 汉
责任编辑：李春琦
整体设计：文思天纵
责任印制：李 妍　王 刚
出版发行：黑龙江少年儿童出版社
　　　　　（黑龙江省哈尔滨市南岗区宣庆小区8号楼 150090）
网　　址：www.lsbook.com.cn
经　　销：全国新华书店
印　　装：北京一鑫印务有限责任公司
开　　本：787 mm×1092 mm　1/16
印　　张：5
字　　数：50千
书　　号：ISBN 978-7-5319-7328-7
版　　次：2021年10月第1版
印　　次：2022年7月第3次印刷
定　　价：35.00元